# ...CTIQUE

## SUPPLÉMENTAIRE

### À L'USAGE D'UNE FLOTTE CUIRASSÉE

PAR LE

## VICE - AMIRAL Cte BOUËT - WILLAUMEZ

Commandant en chef l'Escadre d'Évolutions.

# TOULON

IMPRIMERIE ET LITHOGRAPHIE E. AUREL

RUE DE L'ARSENAL, 12.

# TACTIQUE SUPPLÉMENTAIRE

A L'USAGE D'UNE

## FLOTTE CUIRASSÉE.

# TACTIQUE

## SUPPLÉMENTAIRE

A L'USAGE D'UNE

## FLOTTE CUIRASSÉE

PAR LE

## VICE-AMIRAL Cte BOUËT-WILLAUMEZ

Commandant en chef l'Escadre d'Évolutions.

---

### 1er AOUT 1864.

---

## TOULON

IMPRIMERIE ET LITHOGRAPHIE D'E. AUREL

RUE DE L'ARSENAL, 13.

---

AVRIL 1865.

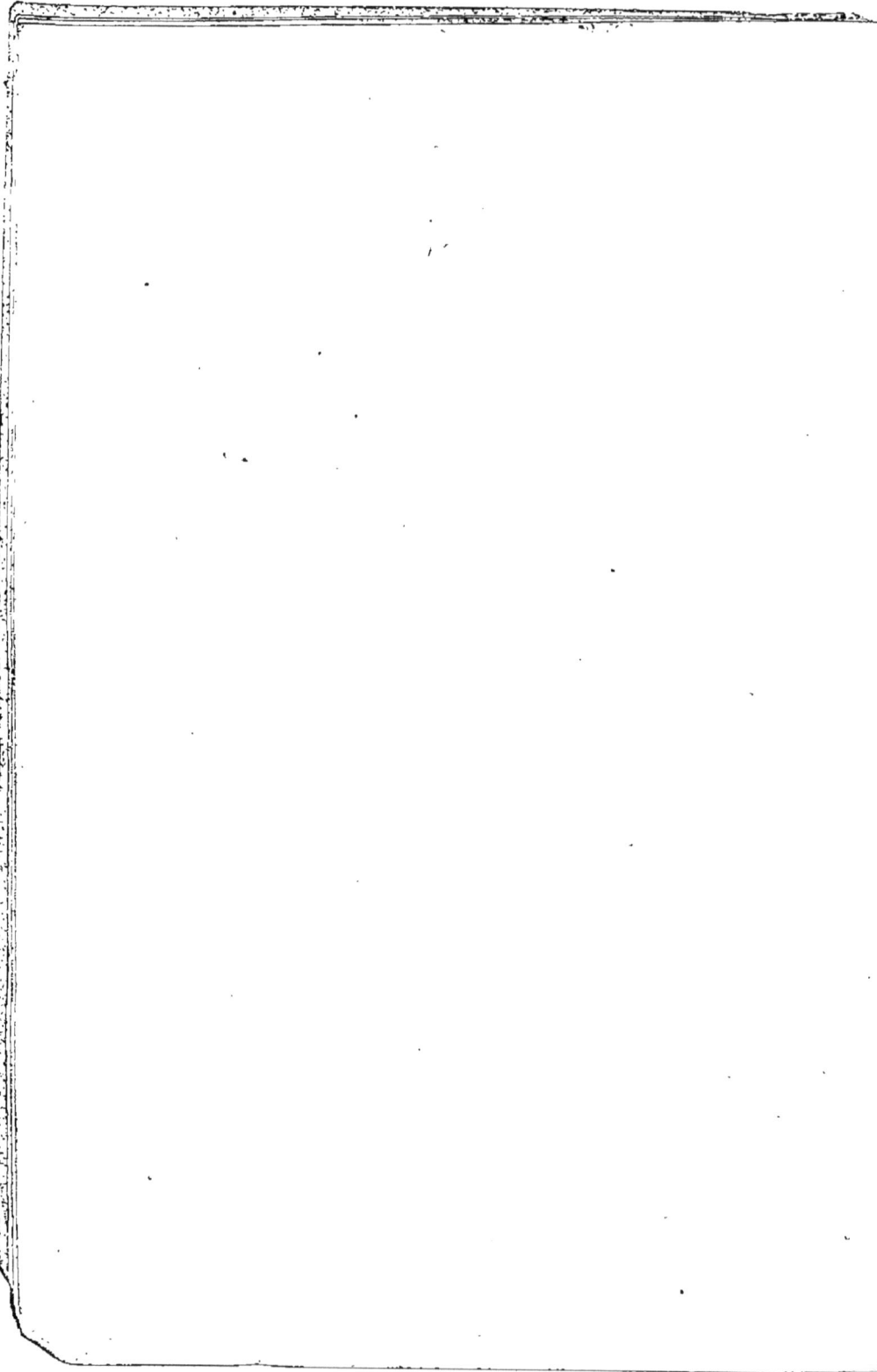

# PRÉFACE.

Il y a dix ans que je livrais à la publicité un *Projet de Tactique navale* pour flottes de vaisseaux à vapeur, lesquels allaient chasser définitivement nos vaisseaux à voiles de la lice des combats (1).

C'était la première œuvre de ce genre qui eût vu le jour ; aussi n'était-elle présentée à l'examen des hommes de mer que comme une ébauche imparfaite.

Elle put toutefois servir de base aux discussions de la Commission d'officiers généraux de la flotte qui, en fin 1855 et en 1856, élabora la Tactique officielle de 1857, dont la Tactique d'aujourd'hui n'est qu'une édition nouvelle et perfectionnée dans ses détails.

(1) Voir l'annexe 6 de mon livre des *Batailles de terre et de mer*, publié en 1855, chez Dumaine, rue Dauphine, 30, Paris.

Les idées, alors nouvelles, qui dominaient dans mon *Projet de Tactique de* 1854, et qui, depuis, sont devenues populaires dans toutes les Marines, furent :

1° Le numérotage de l'Armée navale.

2° Une plus grande importance donnée à la ligne de front.

3° L'ordre de file ou de front, par pelotons *triangulaires* ou *quadrangulaires*, devenu l'ordre habituel de navigation, en remplacement des lignes sur *une*, *deux* ou *trois* files, les vaisseaux dans *les eaux les uns des autres*, ordre compromettant pour des vaisseaux à vapeur, la nuit surtout.

4° Les principes relatifs à l'augmentation des distances et aux évolutions par conversion.

Dans le recueil que voici, il n'est nullement question d'abandonner ces idées, lesquelles ont reçu la sanction de l'expérience à la mer, notamment en 1858 et 1859, dans l'escadre d'évolutions.

Ce que je propose, aujourd'hui que cette escadre

est, pour la première fois, toute composée de navires cuirassés, c'est de substituer aux évolutions *par le flanc*, des évolutions *en ligne oblique*, mieux appropriées à leur *fort*, qui est *l'avant*, à leur *faible*, qui est le *travers*, percé de sabords, et sur lequel un coup d'éperon, frappé *normalement*, pourrait déterminer un désastre.

Je ne me dissimule pas que ces évolutions nouvelles exigent plus de coup d'œil et d'expérience chez les capitaines et les officiers de quart ; mais les uns et les autres m'ont habitué à compter sur eux.

A bord du *Solférino*, le 1er mars 1865.

*Le vice-amiral commandant en chef l'escadre d'évolutions.*

Cͤ͟ BOUËT-WILLAUMEZ.

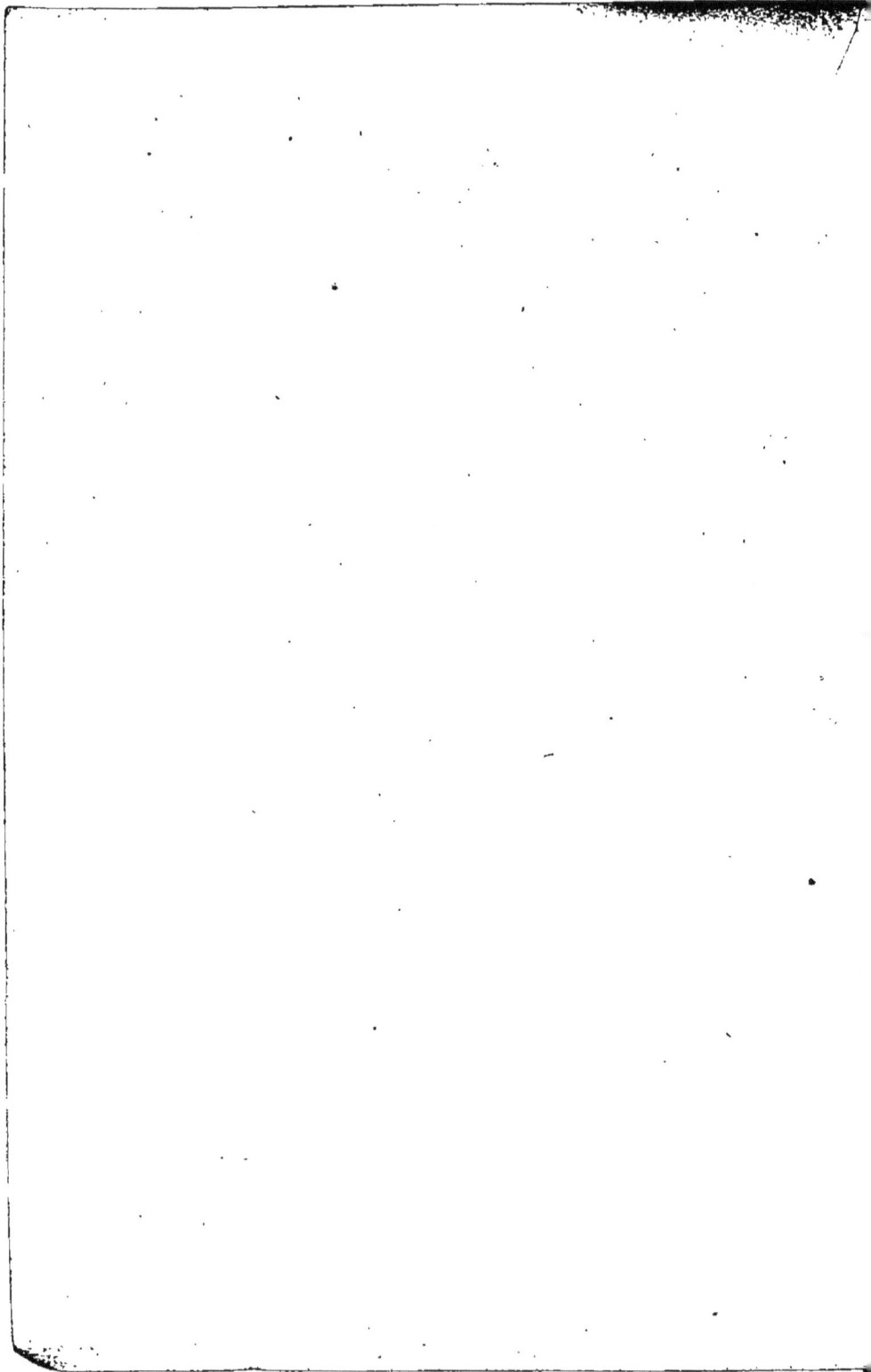

# TACTIQUE SUPPLÉMENTAIRE.

## PRINCIPES GÉNÉRAUX.

1° Le vaisseau *non cuirassé*, dont la puissance consiste dans l'artillerie des deux bords, et non dans le choc de la proue, est, à la fois, plus fort et moins vulnérable par le *travers* que par *l'avant*, vu que les projectiles ennemis, en pénétrant par cet avant, produisent dans toute la longueur du navire des effets bien plus meurtriers qu'en l'atteignant dans le sens de sa largeur.

2° Le vaisseau *cuirassé*, dont le choc par la *proue* constitue la principale puissance et dont les sabords sont les points les plus vulnérables, trouve, au contraire, son avantage à présenter à l'ennemi plutôt l'avant que le travers.

3° Il en résulte que, si l'ordre de front ne doit être considéré que comme un ordre préparatoire d'attaque pour une flotte non cuirassée, il peut devenir l'ordre d'attaque même pour une flotte cuirassée.

4° Il en résulte aussi que, dans les évolutions navales exécutées par une flotte cuirassée en présence de l'ennemi, il y a lieu de pratiquer les mouvements dans lesquels l'avant des vaisseaux se présente à cet ennemi *de pointe* ou *obliquement* de préférence aux mouvements qui obligent ces vaisseaux à lui présenter le travers; en un mot de substituer les *routes* en *ligne directe* aux routes en *ligne brisée.*

En manœuvrant ainsi, non seulement les vaisseaux d'une flotte cuirassée n'offrent plus aux projectiles et à l'éperon de l'ennemi que leurs *formes fuyantes* au lieu de leurs *flancs* plus vulnérables, mais ils sont constamment en mesure d'opérer eux-mêmes par le *choc*, fût-ce dans le cours de l'évolution.

En substituant la méthode des routes en ligne directe à la méthode des routes en ligne brisée, on réduit, de *deux* à *un*, les mouvements comme les signaux de l'évolution, ce qui la simplifie; on prévient, en outre, les cas d'abordage qui peuvent résulter de la perpendicularité de deux routes en ligne brisée.

5° Plus une flotte cuirassée sera, en approchant l'ennemi, groupée de manière à déjouer ses attaques et à feindre ou commencer les siennes, plus cet ordre préparatoire de combat sera rationnel, surtout s'il permet d'engager une fraction de la flotte ennemie avec des forces supérieures.

# ORDRES HABITUELS.

## 1º Ligne de file.

## 2º Ligne de front.

## 3º Ordre de file par pelotons d'escadres.

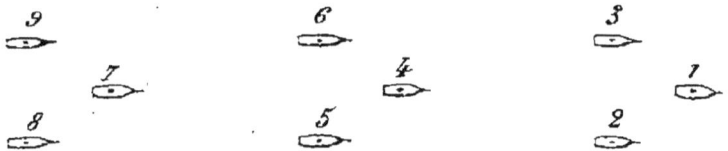

Echelle de 6 Encablures.

4° Ordre de front par pelotons d'escadres.

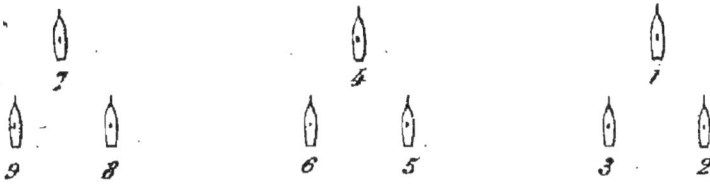

5° Ordre en colonnes par escadres.

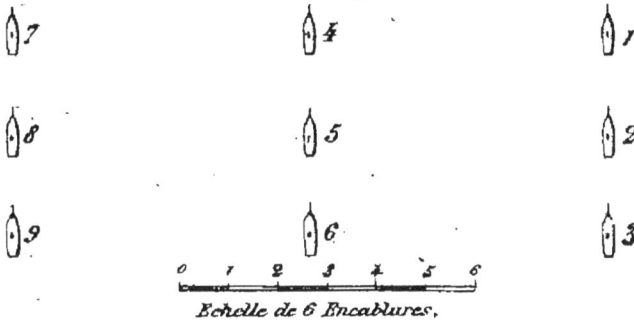

*Echelle de 6 Encablures.*

NOTA. Lorsqu'on ne signale pas de distance spéciale, la distance entre deux vaisseaux est de deux encâblures, et celle entre deux colonnes est égale à la distance de deux encâblures multipliée par le nombre des vaisseaux de chaque colonne.

Lorsqu'on pratiquera les évolutions navales avec une flottille d'embarcations à vapeur, la distance entre deux embarcations devra être, à moins de signal contraire, de 50 mètres, c'est-à-dire du *huitième* de deux encâblures, de même que la longueur de l'embarcation est, en moyenne, équivalente au huitième d'une frégate cuirassée.

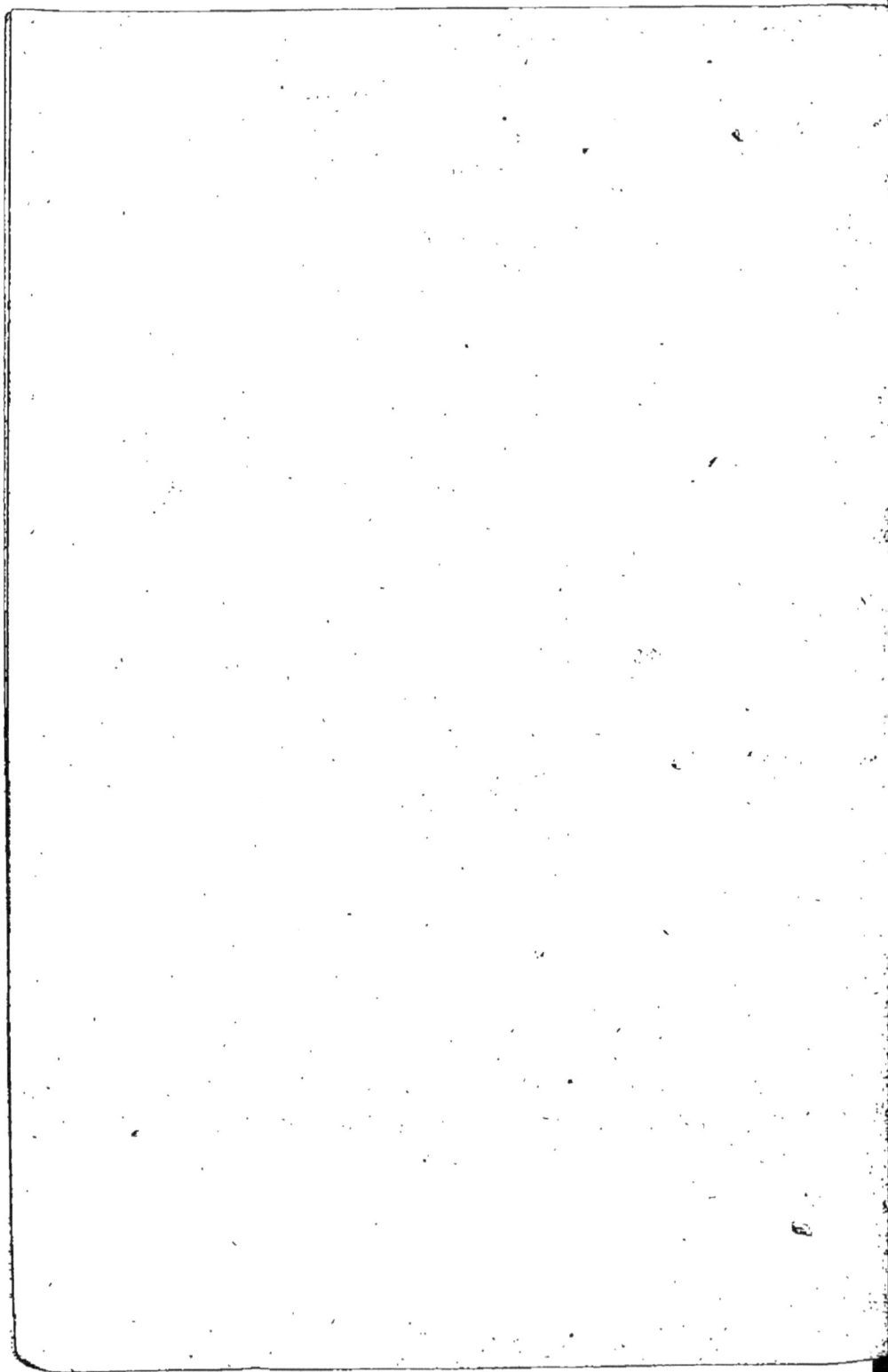

# OBSERVATIONS.

---

1° On s'est borné à l'emploi de ces *cinq* ordres qui sont les plus habituels, et, par suite, on n'a indiqué, ci-après, que les mouvements obliques qui se rattachent au passage de chacun de ces ordres aux *quatre* autres, soit, en tout *seize* évolutions *obliques*, qui, complétées par *quatre* évolutions de cette sorte, existant déjà dans la Tactique, portent à *vingt* le nombre total de celles mentionnées dans ce code supplémentaire.

2° Lorsque l'on signalera l'un quelconque de ces *cinq* ordres, les évolutions *obliques* devront être immédiatement employées ; comme elles n'exigent que cet unique signal et qu'un seul temps, il ne peut y avoir équivoque avec les évolutions actuelles de la Tactique, dont le livre III décompose les temps et les signaux relatifs aux passages d'un ordre à un autre, sans indiquer d'ailleurs quel est l'ordre nouveau que l'amiral a en vue.

2

3° Lorsqu'un vaisseau en changeant de direction pour exécuter une évolution oblique, doit passer près d'un autre vaisseau, il sera de règle que le vaisseau dont le *numéro* est *le plus fort*, cédera toujours le pas à l'autre, c'est-à-dire passera derrière le vaisseau dont le *numéro* est *plus faible* que le sien, quelle que soit d'ailleurs la manœuvre effectuée par l'un ou l'autre de ces deux vaisseaux.

4° En dehors des évolutions obliques de la présente Tactique supplémentaire, on suivra *strictement le principe* établi dans les articles 98, 99 de la Tactique officielle, relativement aux cas d'abordage.

5° Que la flotte cuirassée soit divisée en deux ou en trois escadres, il demeure entendu que la première escadre constitue le premier peloton ou la première colonne, suivant l'ordre où l'on marche; que la deuxième escadre constitue le deuxième peloton ou la deuxième colonne, et que la troisième escadre constitue le troisième peloton ou la troisième colonne.

Quant à la répartition par *divisions*, elle n'a lieu qu'autant que chaque escadre est assez nombreuse pour la comporter et sur un ordre spécial de l'amiral en chef.

6° Dans le cours des évolutions mentionnées ci-après, le ralentissement de la vitesse a été fréquemment prescrit pour hâter les formations d'ordre , car ce ralentissement peut toujours s'opérer instantanément : mais il n'en est pas de même des augmentations de vitesse : aussi s'est-on abstenu d'en parler, bien qu'elles pussent concourir au même but; toutefois, lorsqu'un peloton ou une colonne pourra augmenter simultanément de vitesse pour accélérer la formation d'un ordre, il y aura lieu de le faire.

# PASSAGES D'UN ORDRE A UN AUTRE

## ET TABLE.

---

Les vingt évolutions obliques qui découlent des 5 ordres qui précèdent, sont exposées ci-après; elles s'exécutent toutes à l'aide des 5 signaux relatifs à ces 5 ordres, savoir : 10, 12, 17, 19, 22.

### Passages de la ligne de file.

### Passages de la ligne de front.

### Passages de l'ordre de file par pelotons.

## Passages de l'ordre de front par pelotons.

## Passages de l'ordre en colonnes.

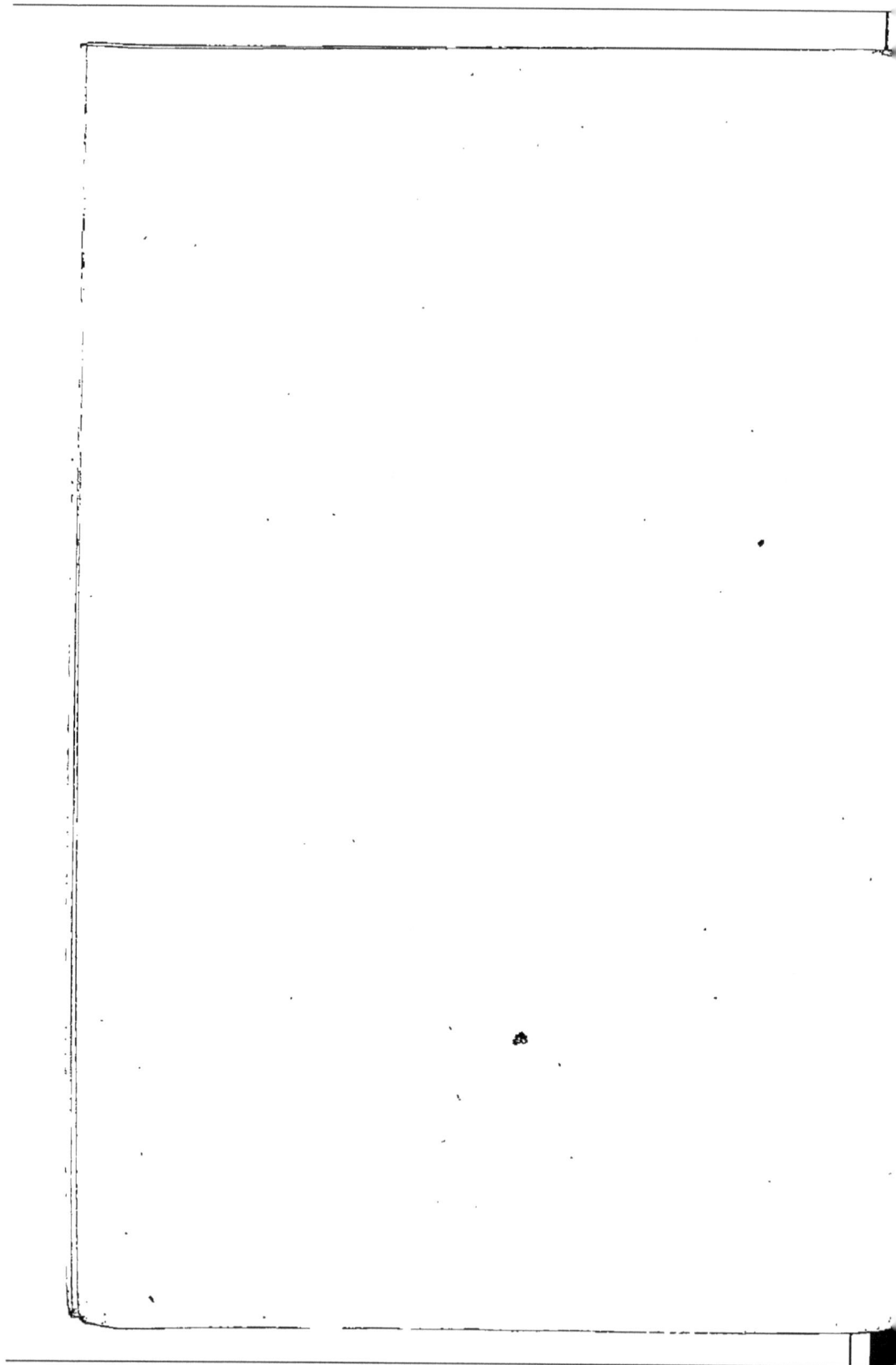

# ÉVOLUTIONS.

## ÉVOLUTION Nº 1.

L'armée étant en ligne de file, passer à la ligne de front, la route à l'aire de vent signalée, ordre naturel.

### SIGNAL 12.

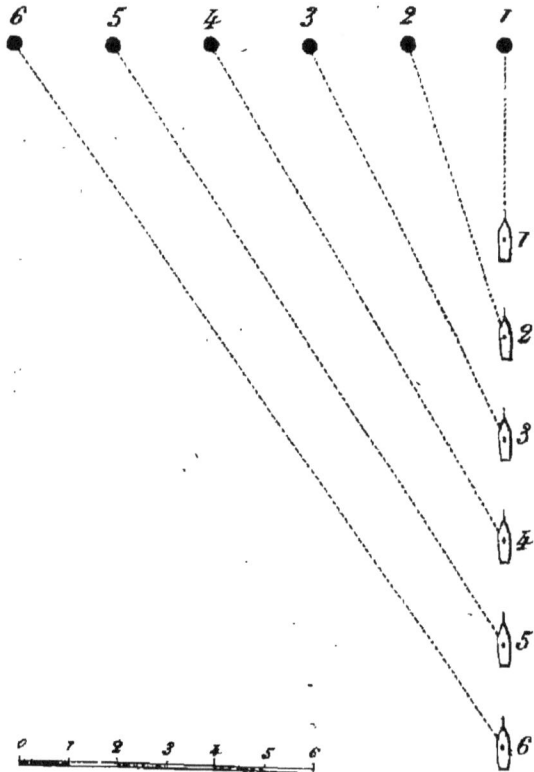

*Echelle de 6 Encablures.*

Au signal 12, le vaisseau n° 1 chef de file stoppe et ne conserve tout d'abord qu'une faible vitesse, sauf à la reprendre tout entière à mesure que la nouvelle ligne se forme. Le vaisseau n° 2, diminuant aussi beaucoup de vitesse, chasse son poste sur la ligne de front, à gauche du vaisseau n° 1.

Les autres vaisseaux obliquent à gauche, en effectuant chacun une route parallèle à celle du vaisseau dont le numéro est inférieur au sien; les uns et les autres diminuent de vitesse, mais d'autant moins qu'ils sont plus près du vaisseau de queue qui ne diminue pas la sienne et l'augmente même, s'il le peut, jusqu'à ce qu'il ait rallié son poste, c'est-à-dire, qu'il ait relevé le vaisseau n° 1 sur la perpendiculaire à la route.

Si l'on signalait 13 au lieu de 12, la ligne de front se formerait à droite et non à gauche du vaisseau n° 1, c'est-à-dire par un mouvement général d'oblique à droite.

## ÉVOLUTION N° 2.

L'armée étant en ligne de file, passer à l'ordre de file par pelotons.

### SIGNAL 22.

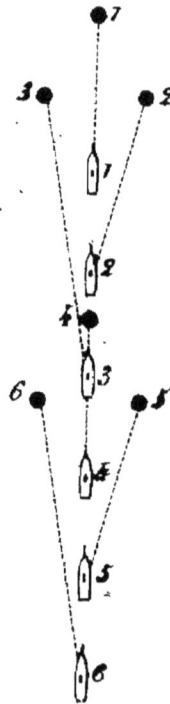

Échelle de 6 Encablures.

Au signal 22, les chefs de peloton, se trouvant déjà à distance convenable, continueront leur route; les vaisseaux de chaque peloton, chassent leur poste dans les hanches du vaisseau chef de leur peloton.

TACTIQUE (page 70 du livre I et 80 du livre III).

# ÉVOLUTION N° 3.

L'armée étant en ligne de file, passer à l'ordre de front par pelotons.

## SIGNAL 19.

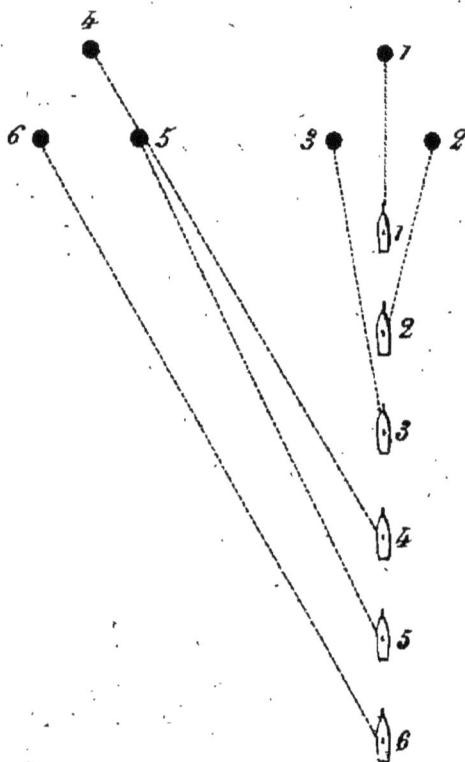

Echelle de 6 Encablures.

Au signal 19 , le chef du premier peloton stoppe et ne conserve tout d'abord qu'une faible vitesse, sauf à la reprendre tout entière à mesure que le nouvel ordre se forme. — Les deux vaisseaux de son peloton, diminuant aussi beaucoup de vitesse, obliquent leur route, l'un à droite, l'autre à gauche pour se former dans ses hanches. — Le chef du deuxième peloton, obliquant à gauche, chasse son poste à distance de colonne du chef du premier peloton ; les vaisseaux de son peloton, imitent la manœuvre pour se former en peloton derrière lui. — S'il y a un troisième peloton , il manœuvre pour se former à la gauche du deuxième comme celui-ci s'est formé à la gauche du premier.

Le signal 189, accompagnant le signal 19, indiquerait que la deuxième escadre doit se former, non à gauche, mais à droite de la première, et la troisième, s'il y en a une, à droite de la deuxième , c'est-à-dire par un mouvement d'oblique à droite.

Nota. Si l'armée était divisée en trois escadres, et que l'on signalât 37 (deuxième série). c'est-à-dire *prompte formation sans avoir égard au numérotage des escadres entre elles*, le deuxième peloton obliquerait à droite, le troisième à gauche, et le premier peloton, continuant sa route à faible vitesse, resterait au centre.

## ÉVOLUTION № 4.

L'armée étant en ligne de file, passer à l'ordre en colonnes par escadres, la première à droite.

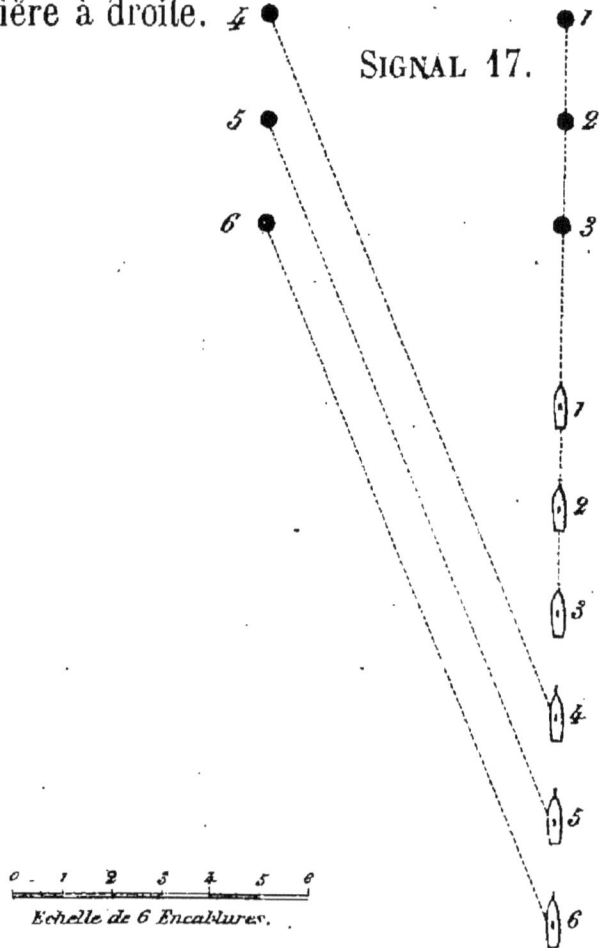

SIGNAL 17.

Echelle de 6 Encablures.

Au signal 17, les vaisseaux de la première escadre stoppent, le vaisseau de queue le premier, et ne conservent tout d'abord qu'une faible vitesse, sauf à la reprendre tout entière à mesure que la deuxième colonne arrive à poste. Le chef de la deuxième colonne, obliquant à gauche, chasse son poste à distance de colonne du chef de la première. Les vaisseaux de son escadre, obliquant à gauche comme leur chef, font des routes parallèles à la sienne; ils reviennent à la route de l'armée lorsqu'il y est revenu lui-même et qu'ils se trouvent dans ses eaux. — S'il y a une troisième escadre, elle manœuvre par rapport à la deuxième, comme celle-ci a manœuvré pour se former à gauche de la première.

Le signal 189, accompagnant le signal 17, indiquerait que les deux dernières colonnes doivent se former non à gauche, mais à droite de la première, c'est-à-dire en obliquant à droite.

NOTA. Si l'armée était divisée en trois escadres et que l'on signalât 37, (deuxième série), c'est-à-dire *prompte formation sans avoir égard au numérotage des escadres entre elles*, la deuxième escadre obliquerait à droite, la troisième à gauche et la première diminuant de vitesse, resterait au centre.

## ÉVOLUTION No 5.

L'armée étant en ligne de front, passer la ligne de file, ordre naturel.

### SIGNAL 10.

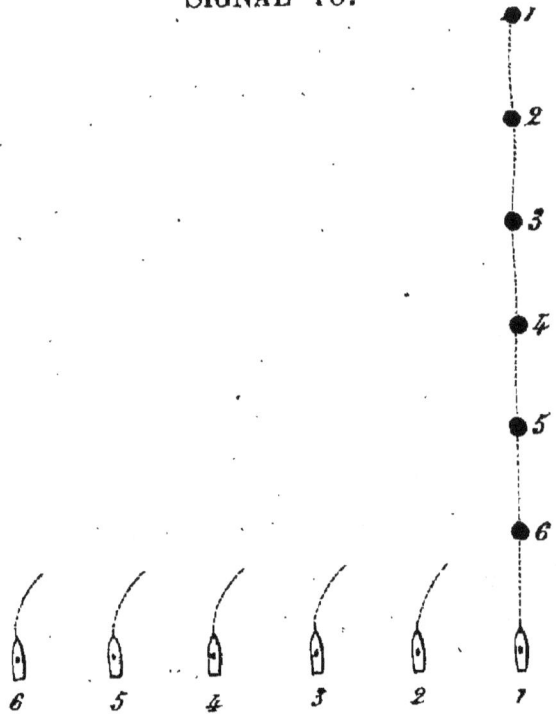

Echelle de 6 Encablures.

Au signal 10, le premier vaisseau de droite continue sa route ; le deuxième vaisseau obliquant à droite, chasse son poste dans les eaux de son chef de file et tous les autres vaisseaux, obliquant à droite, chassent également leurs postes respectifs dans la nouvelle ligne de file à former.

Lorsque l'évolution est dessinée, la tête de ligne diminue de vitesse pour accélérer le mouvement des vaisseaux de queue.

Si l'on signalait 11 au lieu de 10, la ligne se formerait en ordre renversé sur le premier vaisseau de gauche, par un mouvement général d'oblique à droite.

## ÉVOLUTION N° 6.

L'armée étant en ligne de front, passer à l'ordre de file par pelotons d'escadres, la première escadre en tête, la route à l'aire de vent signalée.

SIGNAL 22.

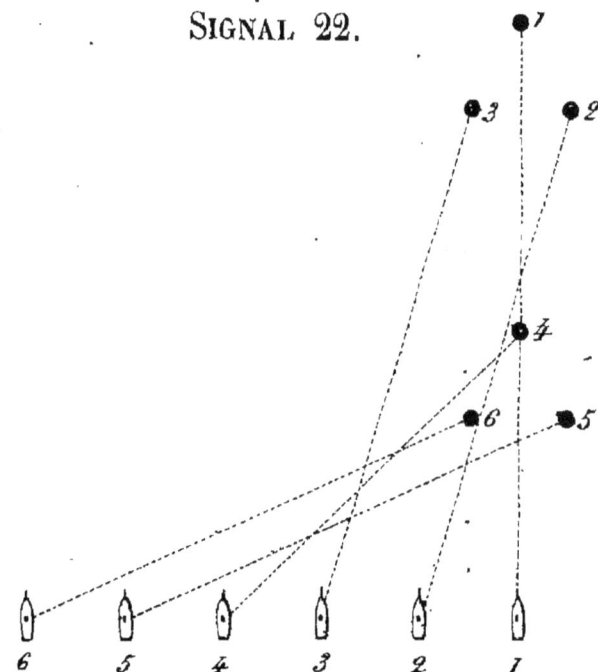

Echelle de 6 Encablures.

Au signal 22, le premier vaisseau de droite continue sa route et les vaisseaux de la première escadre, ralentissant un peu leur vitesse, chassent leur poste pour former le peloton derrière lui.

Les vaisseaux de la deuxième escadre, diminuant beaucoup de vitesse, chassent également leur poste dans les hanches de leur chef de peloton qui doit venir se ranger dans les eaux du vaisseau de tête, à distance de colonne.

S'il y a une troisième escadre, elle manœuvre pour se former en peloton derrière la deuxième, comme celle-ci s'est formée derrière la première.

## ÉVOLUTION Nº 7.

L'armée étant en ligne de front, passer à
l'ordre de front par pelotons d'escadres, la
première à droite, la route à l'aire de vent
signalée.

### SIGNAL 19.

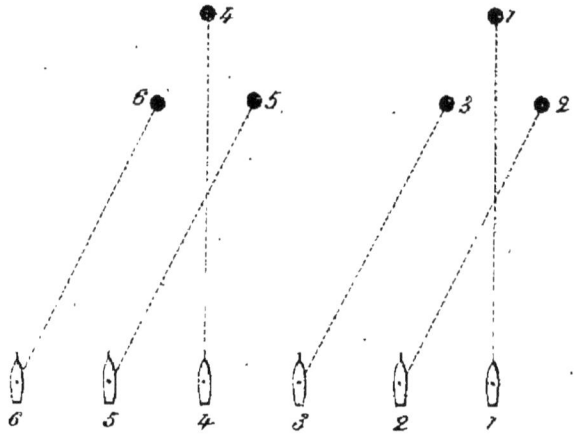

Échelle de 6 Encablures.

Au signal 19, le premier vaisseau de droite de chaque escadre continue sa route; les autres vaisseaux de ces escadres, modérant leur vitesse, obliquent à droite pour chasser leur poste et former les pelotons derrière leur chef respectif.

## ÉVOLUTION N° 8.

L'armée étant en ligne de front, passer à l'ordre en colonnes par escadres, ordre naturel, la première escadre à droite.

### SIGNAL 17.

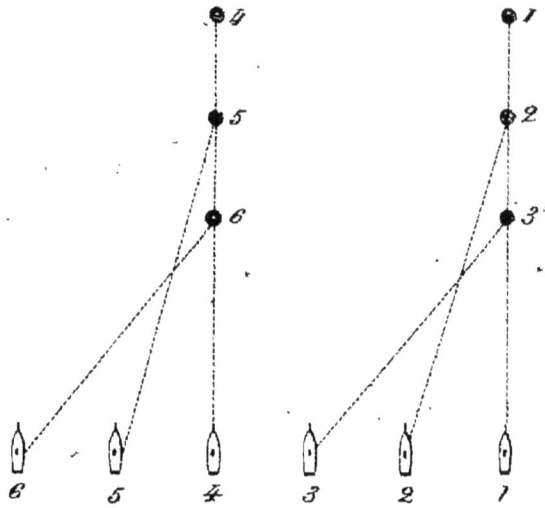

Echelle de 6 Encablures.

Au signal 17, le premier vaisseau de droite de chaque escadre continue sa route. Les autres vaisseaux, ralentissant leur vitesse, obliquent à droite pour se former en ligne de file, à leur poste respectif, dans les eaux de leur tête de colonne.

## ÉVOLUTION N° 9.

L'armée étant en ordre de file par pelotons d'escadres, passer à la ligne de file, ordre naturel.

SIGNAL 27.

*Echelle de 6 Encablures.*

Au signal 27, le chef du peloton de tête continue sa route, on met le cap à l'aire de vent signalée ; les chefs des autres pelotons le suivent par la contre-marche, en se maintenant à distance de colonne.

Les autres vaisseaux manœuvrent en modérant leur vitesse et en embardant, s'il le faut, pour ne pas gêner les mouvements de leur peloton ; ils prennent successivement leur poste dans ses eaux et le suivent par la contre-marche.

TACTIQUE (page 83 du livre I, et 130 du livre III).

## ÉVOLUTION No 10.

L'armée étant en ordre de file par pelotons d'escadres, passer à la ligne de front, ordre naturel.

### SIGNAL 12.

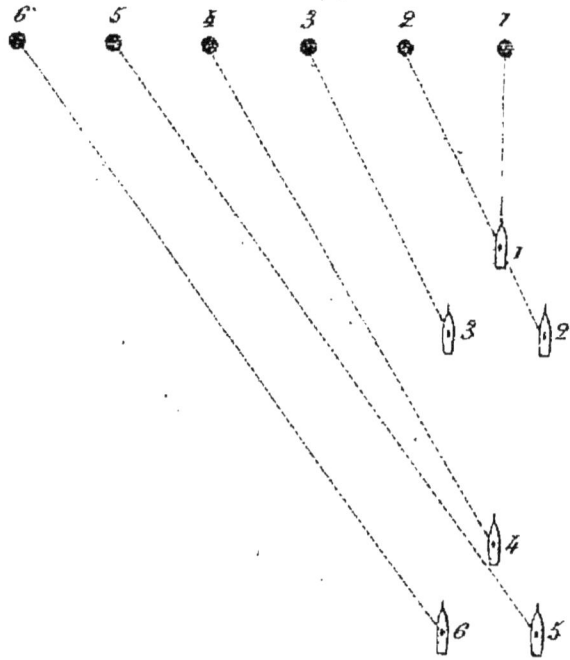

Echelle de 6 Encablures.

Au signal 12, le chef du premier peloton stoppe, continue sa route et ne conserve tout d'abord qu'une faible vitesse, sauf à la reprendre tout entière à mesure que le deuxième peloton arrive en ligne. Les autres vaisseaux du premier peloton diminuent aussi considérablement de vitesse, et, obliquant à gauche, viennent se former en ligne à la gauche de leur chef. — Le chef du deuxième peloton et les vaisseaux de son peloton obliquent également à gauche pour chasser leur poste sur la ligne de front. — S'il y a un troisième peloton, il oblique pour se former à gauche du deuxième, comme le deuxième est formé à gauche du premier.

Le signal 189 accompagnant le signal 12, indiquerait que la ligne de front doit se former non à gauche, mais à droite du premier peloton, par un mouvement d'oblique à droite.

NOTA. Si l'armée était divisée en trois escadres et que l'on signalât 37 (deuxième série), c'est-à-dire *prompte formation sans avoir égard au numérotage des escadres entre elles*, le deuxième peloton obliquerait à droite, le troisième à gauche, et le premier, diminuant de vitesse tout d'abord, resterait au centre de la ligne de front.

## ÉVOLUTION N° 11.

L'armée étant en ordre de file par pelotons d'escadres, passer à l'ordre de front par pelotons, la première escadre à droite.

### SIGNAL 19.

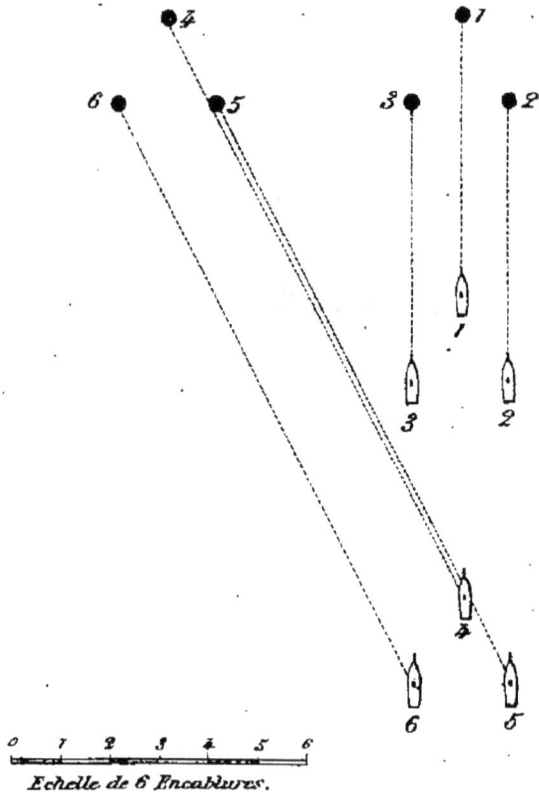

*Echelle de 6 Encablures.*

Au signal 19 le premier peloton stoppe, continue sa route et ne conserve tout d'abord qu'une faible vitesse, sauf à la reprendre tout entière à mesure que le deuxième peloton arrive à son poste.

Le chef du deuxième peloton, obliquant à gauche, chasse son poste à distance de colonne du chef du premier peloton et les vaisseaux de son peloton obliquant aussi à gauche, gouvernent de manière à se retrouver dans ses hanches lorsqu'il reprend la route de l'armée.

S'il y a un troisième peloton, il oblique pour se former à gauche du deuxième, comme celui-ci s'est formé à gauche du premier.

Le signal 189, accompagnant le signal 19, indique que les deux derniers pelotons doivent se former, non à la gauche, mais à la droite du premier, par un mouvement d'oblique à droite.

NOTA. Si l'armée était divisée en trois escadres, et que l'on signalât 37 (deuxième série), c'est-à-dire *prompte formation sans avoir égard au numérotage des escadres entre elles*, le deuxième peloton obliquerait à droite, le troisième à gauche, et le premier, diminuant de vitesse, resterait au centre.

## ÉVOLUTION Nº 12.

L'armée étant en ordre de file par pelotons d'escadres, passer à l'ordre en colonnes par escadres, la première à droite.

### SIGNAL 17.

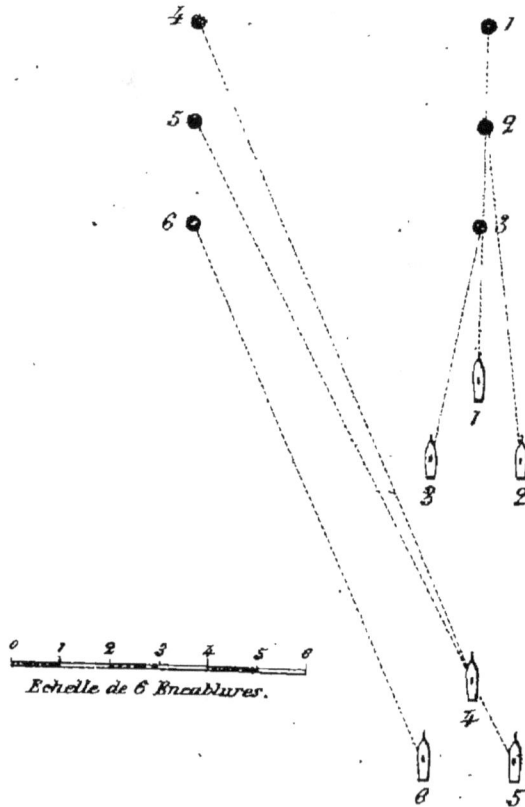

Echelle de 6 Encablures.

Au signal 17, le chef du premier peloton, diminue considérablement de vitesse, et les vaisseaux de son peloton, en diminuant encore davantage, viennent se former en ligne dans ses eaux. — Le chef du deuxième peloton, obliquant à gauche, chasse son poste à distance de colonne du chef du premier peloton, et les vaisseaux de son peloton, obliquant aussi à gauche, gouvernent pour se former en ligne dans ses eaux. — S'il y a un troisième peloton, il gouverne pour former la troisième colonne à gauche de la deuxième, comme celle-ci s'est formée à gauche de la première.

Le signal 189, accompagnant le signal 17, indiquerait que les deux dernières colonnes doivent se former non à gauche, mais à droite de la première, par un mouvement d'oblique à droite.

Nota. Si l'armée était divisée en trois escadres et que l'on signalât 37 (deuxième série), c'est-à-dire *prompte formation sans avoir égard au numérotage des escadres entre elles*, la deuxième colonne irait se former à droite et la troisième à gauche de la première, qui resterait la colonne du centre, en diminuant tout d'abord de vitesse.

## ÉVOLUTION Nº 13.

L'armée étant en ordre de front par pelotons d'escadres, passer à la ligne de file, ordre naturel.

SIGNAL 10.

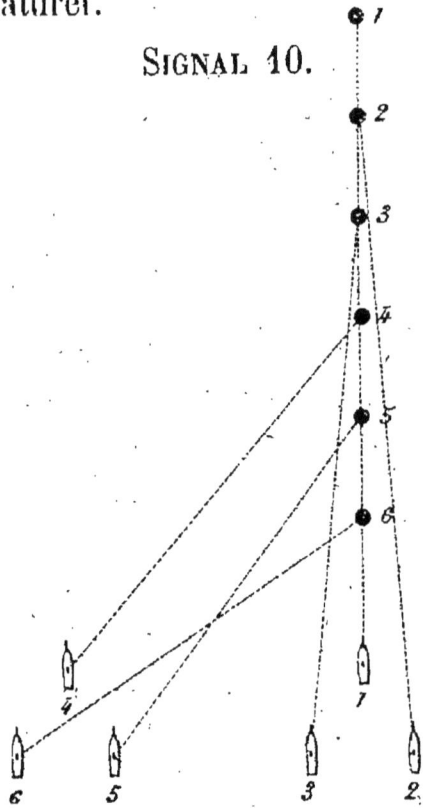

Echelle de 6 Encablures.

Au signal 10, le chef du peloton de droite continue sa route et les vaisseaux de son peloton prennent poste dans ses eaux. Le deuxième peloton modère sa vitesse, et dès que son chef relève par son travers le vaisseau de gauche du premier peloton, il oblique à droite, ainsi que les vaisseaux de son peloton, pour former la ligne de file dans les eaux du chef de file de cette ligne ; ce chef de file diminue de vitesse, ainsi que les vaisseaux de son peloton, une fois le deuxième peloton dépassé, pour hâter la formation de la ligne.

S'il y avait un troisième peloton, il manœuvrerait à l'égard du deuxième comme celui-ci a manœuvré à l'égard du premier pour se former en ligne de file.

## ÉVOLUTION Nº 14.

L'armée étant en ordre de front par pelotons d'escadres, passer à la ligne de front, ordre naturel.

### SIGNAL 12.

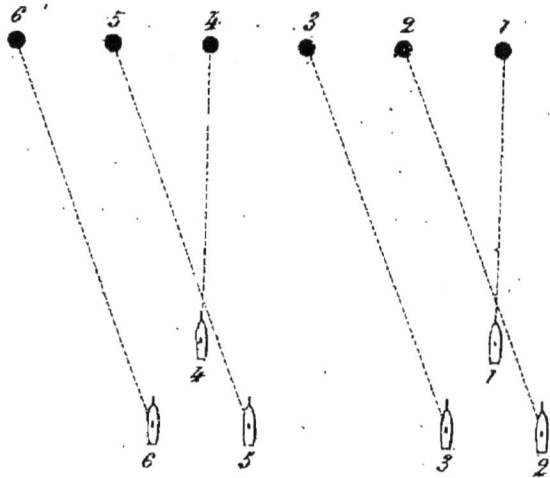

*Echelle de 6 Encablures.*

Au signal 12, les chefs de peloton continuent leur route ; les autres vaisseaux obliquent à gauche pour chasser leur poste sur la
ligne de front, ordre naturel ; dès que ce
mouvement est bien dessiné, les chefs de peloton diminuent leur vitesse pour hâter la
formation de la ligne.

## ÉVOLUTION No 15.

L'armée étant en ordre de front par pelotons d'escadres, passer à l'ordre de file par pelotons d'escadres, la première en tête, la route à l'aire de vent signalée.

SIGNAL 22.

Echelle de 6 Encablures.

Au signal 22, le premier peloton continue sa route et le deuxième peloton ralentit sa vitesse. Lorsque le chef du deuxième peloton relève par son travers le vaisseau de gauche du premier peloton, il oblique à droite pour chasser son nouveau poste; chacun des vaisseaux de son peloton imite sa manœuvre, en effectuant des routes parallèles, pour former le deuxième peloton dans les eaux du premier, à distance de colonne ; le premier peloton aura dû diminuer de vitesse après avoir dépassé le second, pour hâter la formation du nouvel ordre.

S'il y a un troisième peloton, il oblique à droite pour se former derrière le deuxième peloton, comme celui-ci s'est formé derrière le premier.

## ÉVOLUTION Nº 16.

L'armée étant en ordre de front par pelotons d'escadres, passer à l'ordre en colonnes par escadre, la première à droite, la route à l'aire de vent signalée.

### SIGNAL 17.

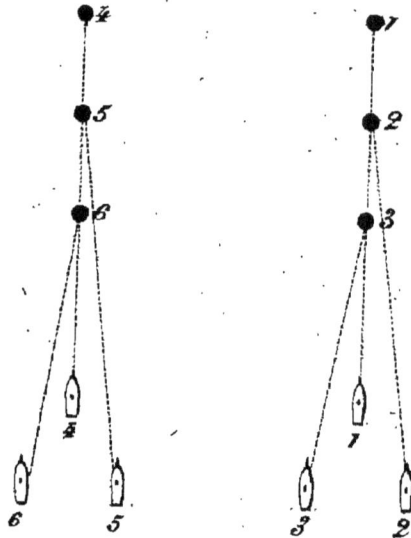

Echelle de 6 Encablures.

Au signal 17, les vaisseaux chefs de peloton continuent leur route, les autres vaisseaux chassent leur poste derrière leur chef de file respectif.

TACTIQUE (page 64 du livre I et 118 du livre III).

## ÉVOLUTION No 17.

L'armée étant en colonnes par escadres, la première à droite, passer à la ligne de file, ordre naturel.

SIGNAL 10.

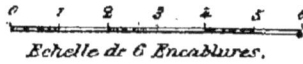

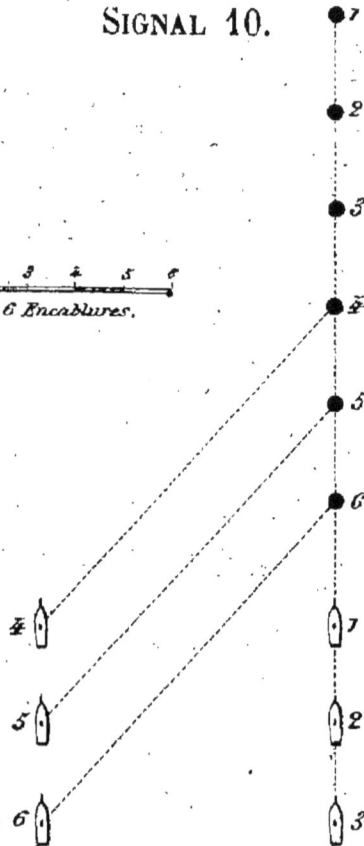

*Echelle de 6 Encablures.*

Au signal 10, la première colonne continue sa route et la deuxième modère sa vitesse. Quand le chef de file de la deuxième colonne relève par son travers le vaisseau du milieu de la première, il oblique à droite, et tous les vaisseaux de la deuxième colonne effectuent des routes parallèles à la sienne, jusqu'à ce que, se trouvant dans les eaux de la première, toute la deuxième colonne puisse faire la même route qu'elle. La première colonne a dû diminuer de vitesse après avoir dépassé la deuxième, pour hâter la formation de la ligne.

S'il y a une troisième colonne, elle manœuvre par rapport à la deuxième comme celle-ci a manœuvré par rapport à la première.

Si la première colonne était à gauche, au lieu d'être à droite de la deuxième colonne, cette dernière obliquerait non à droite, mais à gauche, pour former la ligne de file, et la troisième manœuvrerait d'une manière identique.

## ÉVOLUTION Nº 18.

L'armée étant en colonnes par escadres, la première à droite, passer à la ligne de front, ordre naturel.

### SIGNAL 12.

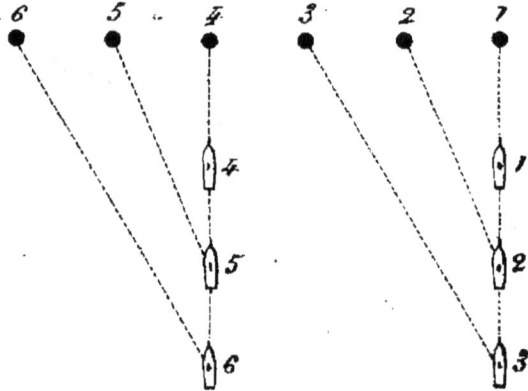

Echelle de 6 Encablures.

Au signal 12, les vaisseaux chefs de colonne stoppent et ne conservent tout d'abord qu'une faible vitesse, sauf à la reprendre tout entière à mesure que la nouvelle ligne se forme. Les vaisseaux 2 et 5, diminuant aussi beaucoup de vitesse, chassent leur poste sur la ligne de front, à gauche des vaisseaux 1 et 4.

Les autres vaisseaux obliquent à gauche en effectuant chacun une route parallèle à celle du vaisseau dont le numéro est inférieur au sien, et prennent la route de l'armée lorsqu'ils relèvent le vaisseau n° 1 sur la perpendiculaire à cette route.

## ÉVOLUTION Nº 19.

L'armée étant en colonnes par escadres, la première à droite, passer à l'ordre de file par pelotons d'escadres, la première en tête.

### SIGNAL 22.

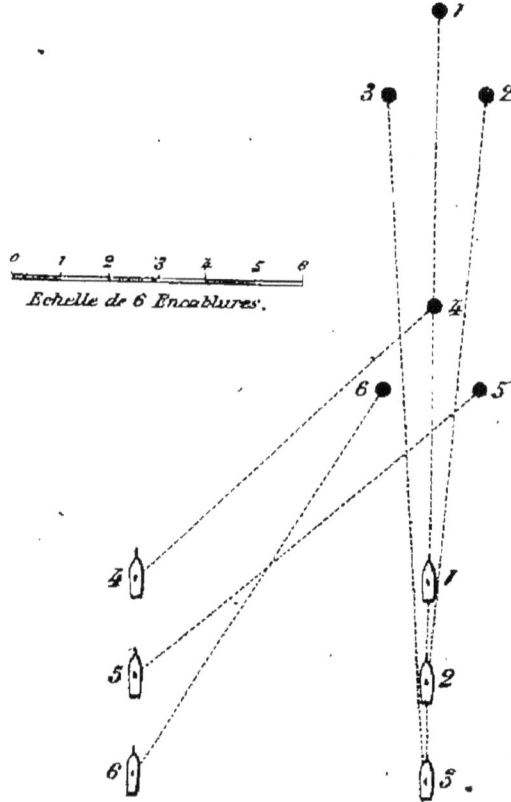

Echelle de 6 Encablures.

Au signal 22, la première colonne continue sa route en formant le peloton et la
deuxième modère sa vitesse; lorsque le chef
de cette deuxième colonne relève par son
travers le vaisseau du milieu de la première,
il oblique à droite et chasse son nouveau
poste dans les eaux du chef du premier peloton, à distance de colonne; les autres vaisseaux de sa colonne obliquent aussi à droite
pour former le deuxième peloton dans les
eaux du premier peloton qui a dû diminuer
de vitesse, après avoir dépassé le deuxième,
pour hâter la formation du nouvel ordre. —
S'il y a une troisième colonne, elle manœuvre pour se former en peloton derrière la
deuxième, comme celle-ci s'est formée derrière la première.

Si la première colonne était à gauche, au
lieu d'être à droite de la deuxième, cette dernière colonne obliquerait, non à droite mais à
gauche, pour se former derrière le premier
peloton et la troisième colonne, manœuvrant
d'une manière identique, irait se former derrière le deuxième peloton.

## ÉVOLUTION N° 20.

L'armée étant en colonnes par escadres, passer à l'ordre de front par pelotons d'escadres, le premier peloton à droite.

### Signal 19.

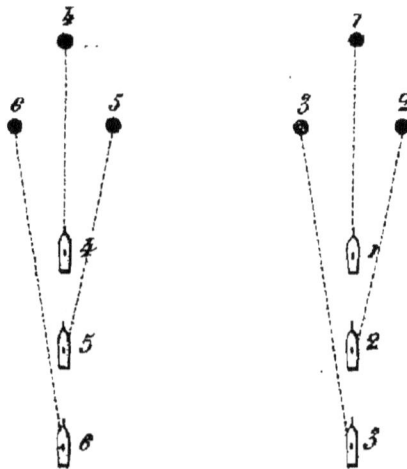

Échelle de 6 Encablures.

Au signal 19, les chefs de file continuent leur route, les autres vaisseaux embardent à droite et à gauche, pour chasser leur poste respectif dans l'ordre de front par pelotons.

Tactique (page 66 du livre I et 112 du livre III).

# MEMORANDUM DE COMBAT.

(POUR MÉMOIRE.)

# MEMORANDUM DE COMBAT.

(POUR MÉMOIRE.)

# MEMORANDUM DE COMBAT.

(POUR MÉMOIRE.)

MEMORANDUM DE COMBAT.

(POUR MÉMOIRE).

A bord du *Solférino*, le 1ᵉʳ août 1864.

*Le vice-amiral commandant en chef l'escadre d'évolutions.*

Cᵗᵉ **BOUËT-WILLAUMEZ.**

Ordre de service établi dans l'Escadre cuirassée d'évolutions, commandée par le vice-amiral C⁰ **Bouët-Willaumez**, à dater du 10 avril 1865.

| JOURS. | BRANLE-BAS. OUVERTURE DES SABORDS. — LAVAGE DU LINGE. | DÉJEUNER. PROPRETÉ. — HABILLEMENT ET ÉQUIPEMENT. | BATTERIES AUX SABORDS. — INSPECTION. | EXERCICES DU MATIN. | EXERCICES DU SOIR. | DIVERS. |
|---|---|---|---|---|---|---|
| LUNDI | Hiver ........ 4h40<br>Été ............ 4h40 | 5h50 à 6h45<br>6h45 à 7h45<br>7h45 à 8h45 | 9h45<br><br>8h45 | De 9h50 à 10h50 Arrières du fusil de quart à l'exercice.<br>De 10h15 à 11h Une bordée aux sacs. | De 9h50 ou 10h à 10h30 Gabiers et remonte à terre.<br>De 10h15 ou 10h30 à 10h30 Une bordée aux sacs.<br>De 10h à 2h Arrières du fusil de quart à l'exercice. | *Contrart.* — Hissées à 4h, rentrées au coucher du soleil.<br>*Tresize.* — Voiles à 6h45 en général, à 4h45 les jours de lavage … |
| MARDI | Hiver ... 4h50 à 5h30<br>Été ... 4h30 à 5h00 | 5h00 à 5h50<br>6h45 à 7h45<br>7h15 à 8h05 | Après l'inspection.<br><br>9h30 | De 9h05 à 9h45 Arrières de la manœuvre à l'exercice.<br>De 10h à 11h Exercice général de la manœuvre. | De 10h15 à ... Conforme des manœuvres.<br>De 2h à 5h30 … | *Le bordé est clos …* |
| MERCREDI | 4h50 | 5h00 à 5h45<br>5h45 à 7h15<br>7h15 à 8h05 | 9h45<br>Amarrer à la serre.<br>9h30 | De 10h à 11h Réunion des branle-bas de combat. | De 9h30 à 10h30 Exercice des embarcations. — Visite aux manœuvres, pontings, garantis …<br>De 2h à 4h Exercice du fusil pour les hommes de poste et matelots chauffeurs. | *Soupe.* — De 5h30 à 7h00.<br>*Appel aux postes de combat.* — Un quart d'heure après la soupe. |
| JEUDI | 4h50 | 5h00 à 5h00<br>5h50 à 7h45<br>7h15 à 8h05 | 9h45<br><br>9h30 | De 9h45 à 9h50 Arrières de nage dans les canots.<br>De 10h à 11h Exercice général du canon avec ou sans portique. Exercice du fusil pour les gabiers de combat. École technique des mécaniciens et ouvriers chauffeurs. | De 10h15 à 2h Exercice des canon pour les hommes de poste.<br>De 2h à 4h30 Exercice des petites armes pour tout le monde. | *Branle-bas du soir.* — Après l'appel aux postes de combat.<br>*Lecture du décret.* — Tous les jeudis.<br>*Inspection du Chirurgien.* — Quatre jours par semaine. |
| VENDREDI | Hiver ........ 4h40<br>Été ............ 4h40 | 5h50 à 5h50<br>6h45 à 7h35<br>7h35 à 8h45 | 9h45<br><br>8h45 | De 9h50 à 9h50 Arrières de nage à l'exercice.<br>De 10h à 11h Théorie générale du canon, de la manœuvre pour les gabiers quartiers-maîtres et second-maîtres de manœuvre. École technique des mécaniciens, ouvriers et matelots-chauffeurs. Théorie de la manœuvre pour les sous-officiers et caporaux de la compagnie de débarquement. | De 2h à 4h30 Exercice général du canon avec ou sans portage. Exercice du fusil pour les gabiers de combat. École technique pour les paramétriers et ouvriers chauffeurs seuls. | *Visite des malades.* — Été, à 7h du matin. Hiver, à 9h30 du matin.<br>*Grand major.* — Mis à la disposition de MM. les officiers … |
| SAMEDI | 4h50 | 5h00 à 5h50<br>5h55 à 7h45<br>7h45 à 8h00 | 11h45<br><br>Pas d'inspection. | De 9h Continuation de la propreté, nettoyage, espalmage.<br>De 9h à 11h Une bordée aux sacs. — Côte bordée se charge avant de ramasser les sacs, ramonées et peintes se voir par aux sacs et continuent | De 9h à 10h30 Une bordée aux sacs, rincé ou les canonniers et peintres des deux bordées.<br>De 2h à 4h Gabiers aux sacs par bordée. | *Pendant l'hiver, la tenue des équipages est, en tenant de travail, les mardi, mercredi, jeudi et samedi.* |
| DIMANCHE | 4h50 | 5h00 à 5h50<br>5h50 à 6h10<br>6h45 à 7h45 | 8h00<br><br>10h00<br>11h. Messe. | Repos. | De 3h15 à 3h45 Repos si jeux. — Prise facultative des sacs. | |

*Voiles torpedos* ... — De 9h à 10h15. ...
*Voiles ou ...*
*Lavage des hamacs et grands sacs.* — Le vendredi, les hamacs et grands sacs sont lavés alternativement.

**COURS DE MM. LES ASPIRANTS.**

Cours d'armes portatives ........................... Mardi, de 11 heures 15 à 1 heure.
— de navigation ................................ Mercredi, id.
— de manœuvre ................................. Jeudi, id.
Théorie de la compagnie de débarquement ........... Vendredi, de midi à 1 heure.

www.ingramcontent.com/pod-product-compliance
Lightning Source LLC
Chambersburg PA
CBHW070931280326
41934CB00009B/1824